Los naufragios del desierto

Primera edición: mayo 2013

© Zingonia Zingone 2013

© Vaso Roto Ediciones 2013
Madrid - México
c/ Alcalá, 85, 7° izda. Madrid 28009
vasoroto@vasoroto.com
www.vasoroto.com

Diseño de colección: Josep Bagà
Dibujo de cubierta: Víctor Ramírez

Quedan rigurosamente prohibidas sin la
autorización de los titulares del copyright,
bajo las sanciones establecidas por las leyes,
la reproducción total o parcial de esta obra
por cualquier medio o procedimiento.

Impreso en España
Imprenta Kadmos

ISBN: 978-84-15168-70-6
BIC: DCF
Depósito legal: M-14871-2013

Zingonia Zingone
**Los naufragios del desierto**

Vaso Roto Ediciones

# Dibujar con palabras la soledad

*Los naufragios del desierto* es un libro de poemas apuntalado en la maravilla insondable de la soledad. No hay símil mejor que el desierto, irreal en su inmensidad vacía, para dibujar con palabras la soledad, que es el camino que siguen Khalil, Soraya y Bâsim, los tres personajes de esta saga lírica en tres estancias, El oráculo de la rosa, Las campanas de la memoria, Río Escondido:

> Refugia la mente y sus razones
> en un puñito de hachís,
> en la eternidad fugaz
> del humo sagrado.

Como en la tradición de la escritura oriental, estos poemas, trazados en la arena, van desde la exaltación del canto amoroso soplado en la caña que emite sus sonidos dulces a la sentencia redonda como una vasija y al epigrama que se cierra con maestría sobre la palabra sagrada. Nada de lo que se dice, lo que dice el viento que alza la arena, o lo que dice la noche tendida sobre el desierto, se pierde en la voz encantada de Zingonia:

> Viene del desierto. La sangre es sincera.
> Hay arena en el lento temblor de sus versos.
> En posición de loto, el príncipe anota
> sus desasosiegos.

Ella teje con manos cuidadosas este tapiz de palabras que cubre el suelo de la tienda del caminante que al amanecer se alejará entre las dunas ardidas por el sol. Los tres personajes que habitan este libro hablan a las estrellas distantes, Khalil, Soraya, Bâsim, sólo tienen las palabras para dejar su huella, y esa huella es la poesía vagabunda que va donde la lleva el viento. Los tres han perdido algo en la vida, una corona, un amor, un camino, pero sólo las palabras son capaces de recuperar el reino perdido, sólo las palabras son capaces de abrir el sello y despejar el silencio:

> Cierra los ojos, se ampara
> en la oscuridad del dolor,
> rasguña sus muslos como gato engañado,
> hunde su rostro en los abismos.

*¡Mira esa rosa, cómo su aire de reina asume!*, clama Omar Khayyam en el primero de los tres epígrafes del libro, y Gertrude Stein nos dirá en «Sacred Emily» que *Rose is a rose is a rose is a rose*, la belleza perfecta que gira en la eternidad sobre sí misma, ascendiendo siempre, como dice Zingonia en la voz de Bâsim, en *el turbulento viaje de mi imaginación...*

Sergio Ramírez

*A Eduardo, al camino*

# El oráculo de la rosa

*¡Mira esa rosa, cómo su aire de reina asume!*
*Ella sonríe y dice: «Yo en esta tierra impero;*
*de mi bolsa de seda el nudo se consume,*
*y vierte en los jardines la gracia del perfume».*

OMAR KHAYYAM

I

El príncipe Khalil
camina los senderos de la noche.
Busca en los ojos tibios
un refugio, un abrazo furtivo.
Capullos sonrientes que dancen
a un ritmo entrecerrado y virginal.
El origen de la vida y sus tormentos
y el anhelo del gozo
que aturde el tiempo.
El príncipe ama las rosas
y es dulce en sus caricias.
Ama la rosa y la abre
con furia despeinada,
en su pecho la cadencia de otra edad;
eterno príncipe en las tinieblas.
La rosa florece
en el roce salífero de las sombras,
inaugura el latido profundo de hembra;
la gata rasguña y se acomoda para ser,
silencio hondo
en el rugido del soberano.
Khalil no arranca el último pétalo,
guardián del espíritu;
cubre el pimpollo y se aleja.
Mira a los ojos vítreos del alba
y la rosa ya no es rosa y él no es príncipe
y el abrazo ya no es.

## II

El príncipe ama la rosa y conoce su aroma.
Transita con minucia su sinuoso contorno.
Juega con la corola, surca el monte,
muerde el fruto, higo de corales carmesí.
Baña el rostro en las olas, hunde
su carne en la carne, ¡demonio!,
con la urgencia de un mendigo.
Su maléfica huella es el recuerdo.
El príncipe desconoce la esencia,
el misterio; es sólo un vampiro,
un adicto al amor
que no sabe hacer otra cosa.
De día pierde su corona,
regresa a la soledad,
coquetea con el recuerdo.
Se vanagloria de los pétalos de su nostalgia.

III

En el feudo de su amargura
y sus angostas calles,
Khalil es coronado rey.
Lo aclaman adeptos y detractores.
Amigos, hipócritas, indiferentes:
—¡salud al rey, salud! –y las doncellas
desfilan alegres, esperan el turno,
invocan al santo que alguna vez
perforó sus túnicas
con el deseo de su mirada.
Pero Khalil es un mendigo
y su corona es de espinas,
de tallos de rosa entretejidos.
Carga su triunfo: impío madero
clavado sobre sus alas.
Se siente Sísifo. La loma es alta.
Una voz sopla en el viento.
Él quisiera atraparla
pero se esfuma porque es aire,
no es hembra. Sísifo soporta
su malvada libertad, sometido
a las estrellas y sus designios;
la padece y se conduele de sí mismo.
Refugia la mente y sus razones
en un puñito de hachís,
en la eternidad fugaz
del humo sagrado.

## IV

Viene del desierto. La sangre es sincera.
Hay arena en el lento temblor de sus versos.
En posición de loto, el príncipe anota
sus desasosiegos. Su pluma vibra
en el solitario mediodía
y Khalil no sale de la cueva.
Confía en la niebla que emana
su sacra pajilla y poco a poco ahuyenta
los malos espíritus. Poco a poco regresa
a su pecho la paz. Suspira y posa la pluma.
Empuña tres monedas perforadas,
las lanza al vacío y busca
en el gran libro de las mutaciones:
luz y tinieblas encuentra
en sus respuestas. *Sólo en la soledad*
*hay equilibrio, sólo en el arder de dos cuerpos*
*hay intensidad, universo, plenitud.*
¿Cómo comprender el día sin la noche?
¿Cómo tocar esa estrella fugaz que dibuja
el rumbo de los rumbos? Un soplo
de luna bajo el sol se muere.
Adán no supo. Khalil no sabe.
Indefenso y mudo, regresa a su niñez,
al abrazo cálido de una madre.

v

La tempestad nace de la ira de los dioses.
Khalil viene del desierto y sabe
que la mujer es misterio velado.
Las agujas de arena hieren su rostro,
penetran y lastiman,
dejan huella en sus versos.
La tempestad muere en la dicha eterna.

Khalil es un hombre del desierto,
donde el destino es nómada
y la ira de los dioses se resuelve
en la danza de las huríes.

## VI

Khalil no sabe del demonio.
Brinda a solas con los ángeles:
la superstición del buen augurio.
El príncipe acumula serafines en su copa,
en el piso, en su cueva; acumula peticiones
y favores vertiendo vino a las sombras
en desquiciada alegría. Hace a un lado
el ángel guardián y su repetir incesante:
*hay engaño y maldad y hambre*
*hay tanta desventura ¿por qué*
*no te bates por la humanidad?*
*¿por el amor verdadero?*
El príncipe cae en la trampa del waswas.
*¡Soy rey!* pero han caído
las perlas de su corona.
Se ajusta la coraza y sale a luchar
contra sí mismo.
No hay mejor triunfo que la conquista.
Confía en su armadura, empuña
su cimitarra y fustiga con rabia
el fantasma del ser.
Ríe el gran barajador del cosmos.
Manda una legión de ángeles y arcángeles.
Ahogan las llamas del vino, ahuyentan al demonio.
La soledad se apodera de Khalil,
su coraza se hace velo; su cimitarra,
un grito desalmado.
Maldice la farsa y sus espíritus negros.
Abraza a la muchacha bonita, hunde

su desesperación en la suavidad de sus pechos.
El príncipe quiere vencer la batalla,
pero no sabe cómo.

## VII

Los versos de Khalil
hablan el idioma del candor.
No hay dardo más puntual
que su palabra arrojada al silencio.
Soplo que llega limpio
se hace tinta y se imprime
sobre la blancura.
¿Qué busca Khalil?

## VIII

Él quiere lanzar una piedra,
matar al pájaro del mal augurio.
Ahogar el tiempo, sus caídas; apresar
el espectro que se burla, decirle:
*¡Déjame! Sólo busco una ventana;*
*persigo un albor que no sé dónde,*
*en qué momento la noche se tragó.*
*No soporto ya el peso de esta libertad;*
*pido tregua.*
*¡Que los fantasmas del pasado*
*se hagan uno y me fustiguen!*
*Un látigo de espinas de rosa.*
*Clavado en la cama del río,*
*esperaré el sosiego.*
*Ven hacia mí entera, luna.*

## IX

Una cueva con vaho de hombre.
El perfume del abandono.
Sin corona ni guirnaldas, el tiempo
pinta su mejor retrato sobre el lienzo
oscuro de la angustia.
La brocha traza el curvo perfil
de grises tintas, ramas encorvadas, sin aliento.
Un hombre,
doblado sobre la verdad
escribe un verso que hará temblar los ojos.
Ese hombre
ya no es el príncipe Khalil.
No es Sísifo, ni rey,
es un espectro.
Sobre la cima aguarda.

x

Los ángeles viven en el cielo. Khalil es de la tierra.
Aguarda indolente la lluvia y el negro horizonte.
*¿Los ángeles viven en el cielo?*

XI

Un cuerpo sin alas desciende.
Se aloja en el costado sigiloso del tiempo.
Gota de cielo.
Mensajera de los dioses.
Luna Virgen Nube. Candor de los candores.
En el príncipe destila
un deseo desorientado.

## XII

No abre la boca, no mueve las manos.
Khalil ata su deseo al mástil,
surca el viento, exorciza el canto de las sirenas.
La luz se hace mujer.
Aplaca los aires y sus ecos. De blancura, asombra.
Khalil entrevé las alas caídas. Sigue el parpadeo
de la luciérnaga, hipnótico llamado,
recóndita esquina de cielo gritando.
Khalil respira incienso.
De labios, ella le roza los pies.
Él sonríe y junta las manos en plegaria o en sueño.
Frunce la frente para ver más allá.
Más allá de la musa está la luz, en la musa misma
hay luz. Tanta blancura aturde.
*Transparencia que jalas mis entrañas,*
*pides mi todo con el pudor de un ángel,*
*con la autoridad de una diosa me pides*
*la imposibilidad del abismo.*
Khalil quisiera arrojarse en el vacío.
Pierde su pluma de oro.
El pergamino se vuelve espejo. El verso diáfano huye.
La mujer también huye. Los ángeles viven en el cielo.
*¿Qué dicen de mí los dioses?, ¿dónde termina el camino?,*
*¿acaso comienza en tus besos, blanca hurí?*

**XIII**

Sigue el silencio.

XIV

Él teme perderse
perdiéndola.
Intenta acercarse, pero algo lo detiene.
La respiración o una cuerda
o esa sensación de impotencia
que nunca antes había percibido.
El camino es un pedregal.
Siente la urgencia de postrarse, fijar
su mirada en el vacío.
No habla, pero dice:
*Llama y calor de la luz:*
*disuelve*
*las sombras, la duda.*
*Irradia e ilumina lo íntimo del alma.*
*Que yo rechace todo error,*
*camine vestido de pura claridad.*

XV

Baja la noche.
Sube la luna, limpia, llena, abierta.
En diagonal al vacío, el sosiego,
la reconciliación del universo.
Hoy Khalil existe.
Abdica al trono sin dolor.

## XVI

Cada día regresa al secreto
encuentro con el destino.

XVII

Una caravana de pájaros traza la ruta.
Khalil levanta los ojos. Las nubes pregonan lluvia.
Triunfa el verdor del trópico, la exuberancia
de la tierra mojada.
Khalil respira libre de sombras
y como girasoles nacen de sus manos
los versos de la luz.
Un relámpago parte las horas
en infinitas centellas de Venus.
Khalil aguarda libre de sombras.
Las centellas unen su canto,
funden su luz en un único fuego.
Khalil permanece en posición de loto.
Florece en su campiña una mujer.
Es la mujer que lleva la semilla del amor.

XVIII

Un hombre levanta de su lecho
los ojos, candil del tiempo.
Depone eras de plomo.
Duerme la rosa en el lecho.
La contempla, envuelve
sus pétalos tersos.
La luna gira muda, incesante,
en torno al tallo;
las estrellas se enlazan
en un nuevo y antiguo firmamento.
Él besa los pies que sostienen al mundo:
los frágiles, eternos dedos del amor.
Se une al tallo, entrega
su linfa, libre. Nutre
de toda su existencia
a su blanca rosa.

# Las campanas de la memoria

En sueños, otra voz, que me repite, advierto:
«La flor abrirá al beso de la nueva mañana»;
mas un rumor que pasa, me dice, ya despierto:
«La flor que ayer abrió, dio su aroma y ha muerto».

Omar Khayyam

I

En una esquina de la noche
una niña abraza sus piernas,
se balancea en trance y llora.
Las lágrimas bajan
por los costados del cuerpo,
caen sobre la calle empolvada
de un invierno sin lluvia.
Monstruos afloran
con rostro de hombre,
roban el grito de un horror,
tapan su boquita
de clavel prendido y gozan
del mismo gozo maldito
que ilumina el rostro de Shaytan.
Cierra los ojos, se ampara
en la oscuridad del dolor,
rasguña sus muslos como gato engañado,
hunde su rostro en los abismos.

## II

Soraya tiene ojos de carbón.
Su cuerpo fino lleva el peso
de una infancia
manoseada por el destino.
La casa es su tumba;
el murmullo de la gente, su muerte.
Se mira al espejo y oscila el vientre;
ensaya la danza de la diosa madre.
Las campanillas sonoras
rodean su estrecho vientre
como el abrazo del amado.
Correa que ciñe el cuello del perro
hasta dejarlo sin aliento;
vientre agotado, surco de calambres,
tatuaje de una rabia implacable.
Soraya danza en la tarima
para fugarse de sí
y arrancar los clavos empotrados
en la carne de su memoria.

## III

La memoria enjaula el tiempo.

IV

«¿Cuentos quieres, niña bella?
Tengo muchos que contar...»[1]
La voz del padre se avecina
en el crepúsculo vespertino;
el catre temblante,
el aire impregnado de humo
de un cordero ardido
en el fogón de la cocina,
el aterrador silencio
de la complicidad
y Soraya detenida en un respiro.
«Dime tú: ¿de cuáles quieres?»
La risa entre los dientes, los dientes
entre los muslos; la punzada del asco
en la grieta que conduce al alma.
El salvaje clava su lengua de espuma
y tabaco en la garganta del ángel,
impide su llanto el aullido
del terror. Un brusco salto,
un tétrico gruñido:
costra que tapa muerte en vida,
llaga sangrante.
«Así fue. La joven bella
de tez blanca y negros ojos,
colmó los reales antojos...»
Cerca se escucha
el aterrador silencio de la complicidad.

---

1   ¿Cuentos quieres, niña bella?/ Tengo muchos que contar/ [...] Dime tú: ¿de cuáles quieres?/ [...] Así fue. La joven bella/de tez blanca y negros ojos,/colmó los reales antojos... (Rubén Darío).

V

Soraya vende su cuerpo, compra
alegría. Vende alegría, compra
olvido. Exorciza el presente
clavándose a la cruz de la lascivia,
mártir del placer y del vahído.
Erotismo fantasma la habita
y la ahuyenta, semilla catapulta
que la trajo a este mundo.

## VI

Suenan las campanillas del vientre.
—¿Quién eres? —pregunta un hombre
envuelto en trapos fétidos, sentado
al borde de la calle.
—Soraya —le responde, deteniendo el paso.
—Qué dulce tu voz —el hombre
le sonríe al aire; encandila al sol
con el índigo de su mirada—;
háblame, Soraya,
cuéntame una historia. —Turbada,
se acomoda la falda, pasa
su mano por el cabello furioso,
persigue los ojos del viejo:
lebrel que escarba el corazón
de la liebre—. Siéntate, Soraya, aquí
a mi lado; vísteme de tu presencia,
nárrame el mundo de tu mundo,
ábreme un horizonte... —indica al cielo
y la tierra, la mano trémula
suspendida, el índice desplegado
entre los pliegues del tiempo.
Es el primer hombre que no la mira.
Soraya se agacha y se sienta,
la espalda recta
y silentes las campanillas de su vientre.
Es el primer hombre que la ve.
El viejo no baja la mano—; grandes cosas
te aguarda el destino, tu corazón
es blanco aunque sangre de espinas.
No me cuentes, Soraya, tu vida,

olvida el vuelo del cóndor,
concédeme suaves aleteos
de ave marina. –Cuela el rímel
por la mejilla, callada retorna
la luz de la infancia
a la esquina de una sombra,
bombilla reparadora
del albor secuestrado.

## VII

Soraya condena los cuentos.
Su desventura carga el susurro
de una fábula oriental. ¿Cómo
despintarse los labios de la carne
mordida? ¿Cómo repeler al sátiro
que mora en el hombre?
–Veo, Soraya, un arcoiris brotar
sobre tu rostro; las lágrimas lavan
el alma, levantan la luz
hundida en nuestros precipicios;
de la aureola restaurada
forjan nuevos colores.–
El viejo no mira su rostro, perdido
en la nostálgica risa del cielo.
El hedor de sus prendas declara
su indigencia; su trato lleva alto
el sello de la dignidad. Soraya roza
los pies del ciego
con la desolación de su mirada:
–Soy flor marchitada por el vicio
impuesto por el hado, maldición
que cargo y cada día cumplo
con la puntualidad del diablo;
aborrezco al hombre, a las curvas
que acompañan mi carne. Odio
estas manos esclavas, esta boca
hambrienta de asco. Estoy atrapada
en el recinto del odio, donde nada vive
sin angustia, el alambre de púas tendido,
el pavimento desajustado,
zancadilla.

Como perro, siento deseos
que se hacen muerdo, herida,
voz que retumba en el tambor del oído,
danza tribal que pide agua
para matar la sequía, para irrigar
una esperanza agrietada, moribunda
sin más voz para gritar el odio
que crece en sus entrañas. Rastro
de savia que habita este cactus.

VIII

Soraya y el ciego, la acera y el tiempo.
Dejan pasar el viento y el ocaso.
Aguardan una luna nueva
en el eclipse de sol
que ella lleva dentro.

## IX

El silencio acompaña el ascenso.

x

El sol alumbra la mañana
y el viejo cuenta un cuento:
—Había una vez, en la tierra
donde yo nací, un potente imán
(impía fuerza que jala a dos personas
una hacia la otra) que convertía
el deseo en necesidad,
la necesidad en locura y, a veces,
la locura en catástrofe. Temible imán,
hijo de papá abundancia y mamá pobreza,
atado a la oscuridad de la ignorancia,
anhelando sólo verdad.
Abandonado a sí mismo, Eros,
paradójico chiquillo elevado a deidad,
se apoderó del mundo.
Víctima y victimario.
Eterno antojo asesino.
Soraya, había una vez,
en la tierra donde yo nací,
la respuesta al fuego
que te hizo ángel.

## XI

Soraya abre los ojos
y le sonríe al viento.
Una luz perfumada
de flores de campo
llena el espacio
que el polvo dejó.

XII

Ella sigue el latido hipnótico
de sus párpados y como mantra
repite a flor de labios
unos versos que no conoce:
«Todo cuanto se hace debajo del sol
tiene su tiempo.
Hay tiempo de nacer y tiempo de morir [...]
tiempo de matar y tiempo de curar [...]
tiempo de llorar y tiempo de reír [...]
tiempo de buscar y tiempo de perder [...]
tiempo de rasgar y tiempo de coser;
tiempo de callar y tiempo de hablar;
tiempo de amar y tiempo de aborrecer;
tiempo de guerra y tiempo de paz».[2]
Ella sigue el latido hipnótico
de sus párpados; al deslizarse
por el borde del puente, escucha
el latido en su pecho
a destiempo,
el latido discordante de la vida.

---

2   Eclesiastés 3, 1-8.

XIII

En una iglesia de oriente
las campanas golpean el vientre del cielo.

# Río escondido

*¡Si al menos de la Fuente del Desierto surgiese
un vago vislumbre que el rumbo revelase!
El caminante exánime al frescor reviviese
cual la hierba del campo que el rocío reverdece.*

OMAR KHAYYAM

I

Bâsim habita un pueblo del árido día.
Juega con el aire, habla con el viento.
Entrega sus ilusiones a los duendecitos
blancos, nubes que retozan en el horizonte.
Llena el lento pasar de las horas
con malvillas y calandrinas;
contempla bajo la sombra de un arbusto
el gesto repetido de su madre:
ella teje y se mece.
Sus silencios, sus suspiros,
el anhelo le abre el rostro
en perfumada flor del desierto.
El niño mira pasar el hilo
de derecha a izquierda,
de arriba abajo,
soltando un punto, formando otro,
convirtiendo el hilo en trozo y el trozo,
en mapa del porvenir,
destino sin puntos fijos,
barca en la distancia
toreando las olas de un naufragio
anunciado. Como el vuelo de la mariposa
azul en el desierto, Bâsim atrapa en la palma
de su pequeña existencia el revoloteo
de las entrañas que le dieron a luz,
marejada incesante que vive y muere
en un imperceptible temblor de labios.

II

Una lagartija duerme en la arena.
Bâsim construye un muro de fósiles
contra los ataques del viento. Cómplice,
vigila el sueño de la hermana réptil;
se pregunta qué sentirá ella
al abandonar la cola o una pata
para despistar al enemigo.
*¿Será eso como huir de uno mismo*
*para huir del peligro?*
Un alacrán cruza la frontera,
fija su negritud en el áureo mediodía
del niño. Empuña su arma letal,
afila el aguijón, busca el blanco
en el blanco muslo de Bâsim.
El niño vela el sueño de la hermana
réptil. Relámpago es la mano que aferra
y tira el brazo de Bâsim. La fuerza animal
de la madre levanta al niño en vuelo.
Cae el muro fósil, despierta el sueño
réptil. Cae el niño lejos.
La lagartija no huye, se atrinchera.
El bicho alígero cruza el frente
y se borra entre las dunas.
Desde la arena Bâsim se pregunta por qué.
Un gesto inexplicable. Una madre en apnea.

III

Ella no deshace la larga manta
que día tras día teje en silencio.
Todavía cree en el amor,
en el arrebato del corazón
que florecido se llama Bâsim.
Ella espera en la sombra.
El niño ríe y persigue el ligero aleteo
de sus pensamientos, mariposa delirante
sobre un jardín de cactus.
Un hombre arde en el recuerdo de su madre.
El niño brinca, sigue el aleteo
hasta rendirse en las llamas
que regeneran el mundo. Ella besa
la cabellera encrespada de Bâsim,
amuleto contra los malos juicios.
Cree en el amor, y en sus recuerdos
resplandece vivo un hombre.
Ella acaricia a su niño y retoma
entre las manos de sombra
la tela del aguardo.

## IV

El desierto entorpece el camino
y la transparencia.

v

La arena danza al ritmo de un suspiro,
cortina de afanes que separa a una madre
de su hijo. Bâsim juega, tira una semilla
de dátil, brinca con una, luego ambas
piernas, desde la tierra,
evitando bordes y dudas,
su meta es el cielo.
El niño cae y se levanta; regresa a tierra.
Lanza otra vez el hueso del dátil
e intuye que la vida se vive a saltos;
pequeño acróbata de los abismos.
El palpitar de una madre en el desierto,
gemido enterrado en la arena;
el estrechar enérgico de un hombre,
el fruto que al consumirse crece,
consumido una y otra vez.
La dimensión del tiempo oscila
entre la primera estrella del ocaso
y un niño que grita «¡rayuela!» [3]

---

3   Ingredientes: una acera, una piedrita, un zapato y un bello dibujo con tiza, preferentemente de colores. En lo alto está el Cielo, abajo está la Tierra, es muy difícil llegar con la piedrita al Cielo, casi siempre se calcula mal y la piedra sale del dibujo. Poco a poco, sin embargo, se va adquiriendo la habilidad necesaria para salvar las diferentes casillas [...] y un día se aprende a salir de la Tierra y remontar la piedrita hasta el Cielo, hasta entrar en el Cielo... Lo malo es que justamente a esa altura, cuando casi nadie ha aprendido a remontar la piedrita hasta el Cielo, se acaba de golpe la infancia [...] y se olvida que para llegar a Cielo se necesita como ingredientes una piedrita y la punta del zapato... (Julio Cortázar).

## VI

Bâsim no pregunta
«dónde está mi padre».
Su madre teje y guarda la tela
en un baúl de nácar.
Entre los hilos entierra un recuerdo.
El niño salta la cuerda y cuenta uno, dos, tres...
Una palmera se sacude en el confín,
separa la tundra del viento feroz,
los ojos húmedos de una mujer
en el doloroso pasar de las horas.

## VII

Bâsim sabe que su origen está
en los mares del sur. Sueña
con ser pirata, ataca el buque
tronco, trunco, palma caída,
armado de honda asalta
el galeón enemigo, busca
el tesoro oculto.

Abre el baúl de nácar;
en el fondo encuentra
un pergamino.

Reconoce la tinta que brota
de las blancas manos de su madre.

VIII

En el altiplano de la tarde,
desde un vasito de vidrio
tú y yo bebimos
el té del azar.

Desconozco el camino
que me trajo a tu región,
desconozco la frontera
que de la mía separa tu origen.

Te miro sentado en el piso
sobre una almohada tejida,
las piernas cruzadas.
Hablas, preguntas, dices.
El lento movimiento
de tus brazos
es el fluir de las aguas
del Tigris y del Éufrates.
Empuñas una antigua edición de Hāfez.
Sonríes.
Tus dientes son perlas nacidas
en los kurdos mares
de la represión.

Lees el oráculo
de los versos.

Un rayo del atardecer
cruza el antro;
se aloja

sobre tu negra mirada
punzante,
sobre tu furiosa cabellera
negra.

Llevo esta imagen
clavada en mi deseo.
Río nacido del mismo altiplano
recorre mis caudales,
busca un golfo
que aplaque
el turbulento viaje
de mi imaginación.

**IX**

Bâsim sabe que su origen está
en los mares del sur. Otro hombre
vive en el abrazo de su madre.

X

El niño se aleja de la cabila.
Camina las dunas y llora.
Busca consuelo en el desierto.
En la distancia una madre pronuncia su nombre.
Él escupe amor y odio, la despiadada
indiferencia que el deseo engendra.
En la distancia una madre grita «¡Bâsim!».
La terquedad
se traga el eco de su voz.
*Entrañas que engendraron mi pequeño llanto,*
*hoy son*
*río irredento del deseo.*
Las olas del vacío se tragan
las huellas de su llanto.

XI

En el puerto del tiempo
se rompen las olas.
Bâsim remonta
el río Guadalquivir; en su pecho,
una furia vikinga.[4]

---

[4] En el año 844 los vikingos remontaron el río Guadalquivir y saquearon Sevilla.

XII

«El ángel me condujo a la entrada del templo,
brotaban aguas debajo del umbral del templo
hacia el oriente, porque la fachada del templo
daba hacia el oriente. [...] Cuando el hombre
salió hacia el oriente con un cordel en la mano,
midió mil codos y me hizo pasar por las aguas
con el agua hasta los tobillos. Midió otros mil
y me hizo pasar por las aguas
con el agua hasta las rodillas. De nuevo midió otros mil
y me hizo pasar por las aguas
con el agua hasta la cintura. Y midió otros mil
y ya era un río que yo no pude vadear,
porque las aguas habían crecido, aguas
que tenían que pasarse a nado, un río
que no se podía vadear. [...] ¿Has visto,
hijo de hombre? Me llevó y me hizo volver
a la orilla del río. Y cuando volví, he aquí,
en la orilla del río había muchísimos árboles
a uno y otro lado. [...] Estas aguas salen
hacia la región oriental y descienden al Arabá;
luego siguen hacia el mar y desembocan
en el mar; entonces las aguas del mar
quedan purificadas».[5]

---

5   Ezequiel 47, 1-9: 12.

XIII

Si el río que sale del templo
da vida a sus áridos márgenes,
purifica las aguas del mar;
la Fuente de esa fuente
fecundará nuestros áridos márgenes,
sanará nuestros viciadísimos ánimos.

XIV

En Andalucía vive un joven
de nombre Bâsim. En su rostro
brilla la sonrisa del porvenir.
Se arrodilla frente al altar de la Concepción.
En su mano derecha, un rosario.
Grano por grano desteje
la larga manta. Libera
la mariposa atrapada en el desierto.

# Índice

7   Dibujar con palabras la soledad
      Sergio Ramírez

11   El oráculo de la rosa

      i       15
      ii      16
      iii     17
      iv     18
      v      19
      vi     20
      vii    22
      viii   23
      ix     24
      x      25
      xi     26
      xii    27
      xiii   28
      xiv   29
      xv    30
      xvi   31
      xvii   32
      xviii  33

35  LAS CAMPANAS DE LA MEMORIA
   I     38
   II    39
   III   40
   IV    41
   V     42
   VI    43
   VII   45
   VIII  47
   IX    48
   X     49
   XI    50
   XII   51
   XIII  52

53  RÍO ESCONDIDO
   I     57
   II    58
   III   59
   IV    60
   V     61
   VI    62
   VII   63
   VIII  64
   IX    66
   X     67
   XI    68
   XII   69
   XIII  70
   XIV   71